Purchased with a
GLOBAL LANGUAGES
MATERIALS GRANT

from the California State Library

Funded by the U.S.
Institute of Museum
and Library Services
under the provisions
of the Library
Services and
Technology Act,
administered in
California by the
State Librarian

CALIFORNIA
STATE LIBRARY
FOUNDED 1850

AMÉRICA SALVAJE

LAS ARDILLAS

Por Lee Jacobs

BLACKBIRCH®
PRESS

THOMSON

GALE

San Diego • Detroit • New York • San Francisco • Cleveland • New Haven, Conn. • Waterville, Maine • London • Munich

Para Leah

For more information, contact
The Gale Group, Inc.
27500 Drake Rd.
Farmington Hills, MI 48331-3535
Or you can visit our Internet site at http://www.gale.com

Photo Credits: Cover, pages 8, 11 © Digital Stock; back cover, pages 4, 5, 15 © PhotoDisc; pages 3, 6, 8, 9, 10, 14 © Corel Corporation; pages 5, 7, 13, 16, 17, 18–19, 21, 23 © Tom & Pat Leeson Nature Wildlife Photography; pages 7, 12, 22 © Bruce Glassman; pages 16, 19, 20, 22, 23 © Art Today

LIBRARY OF CONGRESS CATALOGING-IN-PUBLICATION DATA

Jacobs, Lee.
[Squirrels.Spanish]
  Las Ardillas / by Lee Jacobs.
    p. cm. — (AmÈrica.Salvaje)
Includes bibliographical references.
Summary: Examines the squirrel's environment, anatomy, social life, food, mating habits, and relationship with humans.
  ISBN 1-4103-0277-6 (hardback : alk, paper)
  1. Squirrel—Juvenile literature. [1. Squirrel. 2. Spanish language materials] I. Title. II. Series.

Contents

Introducción

Las ardillas son roedores y se clasifican por los científicos como miembros de la orden Rodentia. Los roedores son mamíferos que tienen dientes delanteros grandes y afilados llamados incisivos. Utilizan estos dientes para roer. Los roedores también tienen dientes de mejilla más pequeños para masticar. Casi la mitad de todas las especies de mamíferos son roedores.

Dentro de la orden Rodentia, las ardillas pertenecen a la familia Sciuridae. Las marmotas grandes y los perritos de la pradera también son miembros de esta familia. Las ardillas se encuentran en todas partes del mundo. Hay más de 250 especies de ardillas por todo el mundo. Más de 60 especies viven en Norteamérica.

Abajo izquierda: La ardilla gris es una de las más comunes especies norteamericanas.
Abajo derecha: La ardilla terrestre es la más común en áreas con pocos árboles.

Estas especies incluyen las ardillas terrestres, como el ardillón y la ardilla listada, la ardilla común, y hasta la ardilla voladora. Las ardillas más comunes en América son las ardillas arborícolas, como la ardilla raposa y la ardilla gris. (En las regiones del norte, las ardillas grises pueden ser de color negro y parecen como si fueran una especie aparte.)

Las ardillas voladoras viven principalmente en Asia, pero dos especies son nativas de Norteamérica. Éstas son la ardilla voladora del norte y la ardilla voladora del sur. A pesar de su nombre, estas ardillas en realidad no pueden volar. Aunque parecen como si estuvieran volando, de hecho están deslizándose de árbol a árbol. A lo largo de cada lado del cuerpo, la ardilla voladora tiene un largo pliegue de piel llamado el "patagio". Mientras la criatura está inmóvil, el pliegue permanece doblado. Pero cuando la ardilla quiere deslizarse, extiende sus brazos y patas y brinca desde una rama alta de un árbol. Los pliegues le ayudan a planear de una rama a otra. ¡Una ardilla voladora puede deslizarse a una distancia de más de 100 pies (30 metros)!

Arriba: Dos especies de ardillas voladoras se pueden encontrar en Norteamérica. **Abajo:** La ardilla listada es un tipo de ardilla terrestre.

El Hábitat de la Ardilla

Las ardillas viven en varios hábitats por todo Norteamérica. Se encuentran en los desiertos, las montañas, las zonas costeras, los bosques, los campos, los parques, y comunidades a través del continente. Las ardillas no son muy territoriales. Cada una vive en su propia región donde busca comida y construye su nido. Sin embargo, muy a menudo una ardilla tiene que compartir su región con otras ardillas. Puede ser que varias ardillas hagan nidos en el mismo árbol.

Las ardillas se encuentran en prácticamente todos los ambientes.

Las ardillas arborícolas comunes son arbóreas. Esto significa que viven principalmente en árboles. Estos animales elegantes corren y brincan entre los árboles. Se pueden ver y escuchar con frecuencia saltando de rama a rama, o corriendo rápidamente de arriba a abajo en los troncos de árboles.

Las ardillas arborícolas construyen sus nidos a gran altura en árboles. El nido de la ardilla se llama el "drey" en inglés. Su forma esférica está hecha por hojas, palos, hierbas, y corteza. Las ardillas duermen y cuidan a sus crías en estos nidos. Muy a menudo las ardillas construyen más de un nido. Y construyen nidos más gruesos en el invierno.

A veces una ardilla arborícola anida en un hoyo en un árbol, o en un hoyo abandonado por un pájaro carpintero. Algunas ardillas terrestres, como la ardilla de cola escamosa y la ardilla terrestre de California, construyen madrigueras y anidan debajo de la tierra.

Las ardillas arborícolas a veces construyen su nido dentro de un árbol. **Encarte:** Las ardillas terrestres de California cavan madrigueras y anidan debajo de la tierra.

El Cuerpo de la Ardilla

Las ardillas arborícolas son suaves y peludas con colas largas y tupidas. El cuerpo de la ardilla gris mide entre 8 y 12 pulgadas (20 a 30 centímetros) de largo. Su cola es del mismo tamaño que su cuerpo. Las ardillas raposas son un poco más grandes, midiendo hasta 29 pulgadas (74 centímetros) de largo combinando el cuerpo con la cola.

Las ardillas usan sus colas para varios propósitos. Mientras la ardilla brinca entre los árboles, su cola puede ayudarle a navegar—como el timón del barco de vela. Las ardillas también usan sus colas para mantenerse tibias, para protegerse de la lluvia, o para darse sombra bajo el sol caliente. (De hecho el nombre científico de la ardilla, Sciuridae, significa "cola de sombra" en Griego.) Aunque las ardillas terrestres pertenecen a la misma familia que las ardillas arborícolas, sus colas no son tan largas y tupidas.

Arriba: Sus largas y peludas colas ayudan a las ardillas a mantener el equilibrio y les proveen tanto de calor como de sombra. **Abajo:** Las ardillas raposas son más grandes y tienen las orejas más largas que las demás ardillas.

Las ardillas se despojan de su pelo dos veces por año. Esto se llama "molting" en inglés. Las ardillas se despojan de su pelo para que les crezca pelo más grueso para el invierno y para quitarse de este pelo grueso en el tiempo caluroso.

Las ardillas tienen cuerpos largos con patas fuertes. Sus patas delanteras generalmente son más cortas que sus patas traseras. Tienen garras afiladas que les ayudan a trepar por los árboles y cavar en busca de comida. Las garras también permiten que las ardillas terrestres caven sus madrigueras. Cada pata delantera tiene 4 garras, mientras que sus patas traseras tienen 5 garras.

Las patas delanteras de la ardilla generalmente son más cortas que las traseras. Cada pata delantera tiene 4 garras.

Las ardillas tienen un olfato desarollado y una visión muy aguda. Sus grandes ojos se encuentran en la parte superior de sus cabezas, lo que les ayuda a ver en varias direcciones. También tienen un fino oído. Las ardillas arborícolas generalmente tienen los ojos y las orejas más grandes que las ardillas terrestres.

Los sensibles bigotes de la ardilla, o "vibrissae" en ingles, son integrantes a su sentido de tacto. Las ardillas tienen bigotes en las caras. También los tienen en sus patas y pies.

Abajo izquierda: Ojos grandes ayudan a las ardillas a ver muy bien. **Abajo derecha:** Sus sensibles bigotes, llamados "vibrissae" en ingles, ayudan a las ardillas a andar a tientas.

Como todos los roedores, las ardillas tienen dientes delanteros incisivos. Estos dientes crecen rápidamente. Como la gente se afila las uñas, las ardillas mantienen sus incisivos desgastados mordiendo comida dura, como semillas y nueces. Las ardillas tienen bolsas de mejilla, donde pueden guardar la comida que recogen. Llenan sus bolsas de mejilla para cargar la comida a un lugar seguro.

Como todos los roedores, las ardillas tienen dientes delanteros que crecen de nuevo cuando se desgastan.

La Vida Social

Las ardillas arborícolas hembras a veces viven en grupos pequeños. Les gusta apiñarse para darse calor en tiempo frío. Las ardillas terrestres—como los demás roedores terrestres—viven en grupos grandes llamados "colonias". Las ardillas arborícolas están activas durante todo el año. No hibernan (duermen durante el invierno), pero descansan por un tiempo extendido en sus nidos de invierno. Las ardillas terrestres que viven en regiones más frías sí hibernan.

Las ardillas tienen varias formas de comunicarse. Casi todos los tipos de ardillas se frotan la nariz para saludarse. La mayoría de las ardillas pueden hacer mucho ruido. Hacen una variedad de

Las ardillas terrestres construyen grandes colonias donde varias familias viven juntas.

diferentes sonidos para comunicarse con otros de su tipo. Gruñen, chillan, graznan, gorjean, parlotean, y hasta ladran. Una ardilla que está sola se queda inmóvil silenciosamente cuando depredadores (animales que cazan a otros animales para alimentarse) están cerca. Pero un grupo de ardillas a veces se juntan en un coro ruidoso de ladrido para espantar a un depredador.

Las ardillas arborícolas no viven en grupos.

13

Un tipo de ardilla arborícola, llamada la ardilla roja, o chickaree, es muy ruidosa. Las ardillas rojas graznan ruidosamente a otros animales, incluyendo a la gente. También pueden mover sus colas como señal de peligro. Entre los depredadores de las ardillas se incluyen los búhos, los halcones, las águilas, las comadrejas, los lobos, los zorros, las linces, y los coyotes. Cerca de los hábitats humanos, un perro o gato puede atrapar a una ardilla.

Las ardillas usan sus sentidos agudos para estar atento de peligro.

Las ardillas se mueven rápidamente y elegantemente. Hasta en la seguridad de un árbol, la ardilla se precipita alrededor de un tronco o se queda inmóvil para evitar que un enemigo la perciba. Mientras está en la tierra buscando comida—lejos de la seguridad de su nido- -la ardilla siempre está atento de depredadores. Cuando corre, la ardilla se para frecuentemente y busca señales de peligro. Las ardillas pueden correr muy rápidamente si un depredador las persigue. Algunas ardillas pueden moverse tan rápido como a 16 millas (25 kilómetros) por hora.

Porque tienen tantos enemigos en la nuturaleza, las ardillas siempre están utento de los depredadores.

Caza

Las ardillas son animales diurnos. Esto significa que duermen de noche y están activos de día. (Las ardillas voladoras están activas de noche.) Las ardillas empiezan a buscar comida en la mañana. La mayoría de las especies son herbívoras, lo que significa que comen principalmente plantas. Recogen nueces, semillas, hierbas, frutas, y algunos tipos de yemas y flores. Algunas ardillas también comen insectos y huevos de aves.

La mayoría de las ardillas comen una mezcla de plantas, nueces, semillas, frutas, y hierbas.

La ardilla llena sus bolsas de mejilla de comida antes de regresar a un lugar donde la puede esconder. Las ardillas terrestres traen su comida a sus madrigueras. Las ardillas arborícolas entierran comida en diferentes lugares. Regresan a estos lugares cuando están listas para comer.

Para esconder su comida, la ardilla cava un hoyo pequeño para cada nuez o bellota. Después entierra la comida en el hoyo y patea la tierra para cubrirla. Las ardillas no utlizan su excelente memoria sino su fino olfato para encontrar su comida enterrada. ¡Pueden encontrar comida que han enterrado hasta 12 pulgadas debajo de la nieve! Para comer, una ardilla se sienta sobre sus patas traseras y agarra la comida con sus patas delanteras. Las ardillas abren las nueces fácilmente. Utilizan sus incisivos para llegar a la carne dentro de la cáscara.

Las ardillas arborícolas entierran comida y la buscan cuando quieren comer.

El Juego de Apareamiento

La mayoría de las hembras pueden tener bebés al cumplir un año de edad. Los machos están listos a los 18 meses. La época de celo para varios tipos de ardillas empieza al principio de la primavera. Varios tipos de ardillas se aparean dos veces por año, dando camadas a luz en la primavera y a finales de verano.

Los machos y las hembras se ponen juguetones durante la época de celo.

18

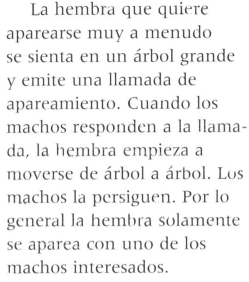

La hembra que quiere aparearse muy a menudo se sienta en un árbol grande y emite una llamada de apareamiento. Cuando los machos responden a la llamada, la hembra empieza a moverse de árbol a árbol. Los machos la persiguen. Por lo general la hembra solamente se aparea con uno de los machos interesados.

Después de aparearse, las hembras permanecen embarazadas por aproximadamente 28 a 45 días. La ardilla arborícola macho no ayuda a criar las crías, pero la ardilla macho sí lo hace.

Arriba: Dos ardillas se saludan tocándose en la nariz. Abajo: Los machos responden a la llamada de la hembra durante la época de celo.

Las Ardillas y El Hombre

El hombre representa una constante amenaza par las ardillas. Cada año, los automóviles matan a miles de ardillas. En algunas áreas, la gente caza las ardillas por su carne y pelo. A pesar de estos peligros, las ardillas florecen en áreas donde mucha gente vive. Las ardillas que viven en parques se hacen tan dóciles que comen de las manos de la gente.

Algunas personas consideran las ardillas como animales dañinos. Ardillas hambrientas, por ejemplo, pueden comerse todo lo que encuentran en los alimentadores de aves. Llenos de su comida favorita, estos alimentadores de aves atraen muchas ardillas. Aficionados de las aves hacen todo lo posible

Izquierda: Las ardillas que pasan mucho tiempo en compañía de la gente se pueden hacer dóciles.
Abajo: A veces las ardillas se comporten como animales dañinos.

para mantener las ardillas alejadas de sus alimentadores de aves, pero las ardillas siempre encuentran una forma de entrarlos. Las ardillas también les gustan meterse en basureros para buscar comida y cavar en jardines. Las ardillas pueden molestar a los granjeros comiéndose sus cultivos.

Las ardillas también dañan a los árboles quitándoles la corteza. Si quitan demasiada corteza, el árbol puede morir. Sin embargo las ardillas pueden beneficiar al medio ambiente. Por ejemplo, las semillas que recogen y esparcen se pueden desarrolar en nuevos árboles. También las nueces y semillas que una ardilla entierra sin desenterrarlas pueden desarrolarse en árboles. Y cuando el viento hacen volar las semillas de piña que la ardilla come, algunas pueden desarollarse en pinos.

Las ardillas pueden traer problemas, pero también benefician al medio ambiente. Muchas esparcen semillas y bellotas que se desarrollan en árboles.

23

Glosario

Arbóreas habitando en árboles

Ardillita una ardilla bebé

Colonia un grupo de animales o plantas del mismo tipo

Depredador un animal que caza a otro para alimentarse

Diurno activo durante el día

Drey el nido de la ardilla

Herbívoro un animal que come plantas principalmente

Hibernar dormir durante el invierno

Incisivo los dientes delanteros con puntas planas y afiladas

Mudar despojarse del pelo

Patagio una arruga en la piel de la ardilla voladora

Vibrissae los sensibles bigotes de un animal

Para Más Información

Libros

Bare, Colleen Stanley. *Busy, Busy Squirrels.* New York: Cobblehill Books/Dutton, 1991.

Boring, Mel. *Rabbits, Squirrels and Chipmunks.* Minnetonka, MN: Northword Press, 1996.

Schlein, Miriam. *Squirrel Watching.* New York: HarperCollins Children's Books, 1992.

Sitio de Web

The Squirrel Almanac—***http://spot.colorado.edu/~halloran/sqrl.html***

Índice